Gerhard Bauer

DREI MINUTEN FÜR DIE SEELE

Gerhard Bauer

DREI MINUTEN FÜR DIE SEELE

Impulse für den Start in den Tag

VERLAG NEUE STADT
MÜNCHEN · ZÜRICH · WIEN

Band 1 der Reihe ***4 x 7***

1. Auflage 2006

Umschlagabbildung: Gernot Hettler
Gestaltung und Satz: Neue-Stadt-Graphik
Druck: Memminger MedienCentrum, Memmingen
ISBN 3-87996-667-2

Vorwort

„Darf es auch etwas mehr sein?", lautet eine Standardfrage mancher Verkäufer(innen) nach dem Wiegen der Ware. „Es dürfte auch etwas mehr sein!", meldet sich eine leise, manchmal übertönte Stimme im Herzen, wenn wir unser Leben auf die Waagschale legen: Wir haben alles Mögliche, und doch haben wir immer zu wenig: „Das kann doch nicht alles sein!" Keine Ware bringt genug auf die Waage. Kein Haben stellt die Seele, diesen anspruchsvollen Klienten, unseren innersten Kern zufrieden … Gesucht ist etwas, das sich nicht kaufen lässt und das wir doch brauchen … Etwas anderes als alles, was „man hat".

„Kann man das nicht auch kürzer sagen?" Eine der weit verbreiteten Allergien ist die gegen zu viele Worte, gegen „all das Gerede". „Macht nicht viele Worte!" – Diese Empfehlung Jesu für das

Beten ließe sich auf viele Bereiche übertragen …

Die kleine Reihe „4x7" möchte den zwei genannten Bedürfnissen Rechnung tragen: Jeder Band gibt – für einen überschaubaren Zeitraum von vier mal sieben Tagen – je einen kurzen Denkanstoß, eine Reflexion, die in die Tiefe führen kann.

„Drei Minuten für die Seele" ist der Titel des ersten Bandes, in dem Dr. Gerhard Bauer (Jahrgang 1941), der frühere Spiritual des Augsburger Priesterseminars, ein erfahrener Seelsorger, „Starthilfen" für den Tag gibt. Er lädt ein, sich auf einen Weg zu begeben, der zu sich selbst und zu anderen führt, und dabei Ausschau zu halten nach Spuren dessen, der die „Sehnsucht nach mehr" ins menschliche Herz hineingelegt hat.

Verlag Neue Stadt

INHALT

I

GUTEN MORGEN, LIEBES ICH!

II

DAS GEHEIMNIS DES AUGENBLICKS

III
LIEBE UND TU, WAS DU WILLST

IV
AUF DER SUCHE NACH GOTT

I – Guten Morgen, liebes Ich!

1
BLICK IN DEN SPIEGEL

Wenn wir uns bei der täglichen Morgentoilette im Spiegel betrachten, welche Gedanken gehen uns durch den Kopf? Vielleicht schauen wir gar nicht richtig hin, weil wir noch zu müde sind, uns wahrzunehmen. Geschweige denn dieses Gesicht, das einem da entgegenblickt, bewusst anzunehmen. Und doch sollten wir es tun. Denn wer soll den mögen, der sich selbst nicht mag?

Aber mal ehrlich, könnte ich nicht manchmal beim Blick in den Spiegel sagen: „Der, der ich bin, grüßt traurig den, der ich sein möchte"? Wie weit bin ich von meinen Idealen und Zielen entfernt! An sich ist es ja gut, welche zu haben. Aber sie können mir auch etwas Falsches vorspiegeln. Das echte Spiegelbild anzunehmen ist eine der großen Aufgaben unseres Lebens. Bei der Morgentoilette habe ich Gelegenheit dazu. Wenn ich am Morgen ja zu mir sage, so wie ich bin, wenn ich dem Blick in den Spiegel nicht ausweiche, ist der Tag schon halb gewonnen.

Jemand gab mir einmal einen Tipp, der es mir leichter macht: „Versuchen Sie doch mal beim Blick in den Spiegel, auf Anhieb drei gute Eigenschaften von sich zu finden! Und sagen Sie dann: ‚Guten Morgen, liebes Ich!‘ “

Übrigens: Was hindert mich eigentlich daran, auch bei denen, die heute meinen Weg kreuzen, drei gute Eigenschaften zu suchen?

2
GÖNNE DICH DIR SELBST

„Gönne dich dir selbst!" Diesen Appell habe ich nicht einer psychologischen Zeitschrift entnommen. Er stammt vielmehr von einem großen Heiligen des Mittelalters, Bernhard von Clairvaux, aus der ersten Hälfte des 12. Jahrhunderts. Er schreibt diese Worte an seinen früheren Schüler und damaligen Papst Eugen III., um den er sich wegen seines Aktivismus Sorgen machte. Er lädt ihn ein, sich von Zeit zu Zeit aus seinem Stress zur Besinnung zurückzuziehen: „Wie lange noch schenkst du allen andern deine Aufmerksamkeit, nur nicht dir selber!"

Bernhard schreibt dies aufgrund seiner eigenen Erfahrung der Zerrissenheit. Auch er kannte den Widerstreit zwischen innerem Leben und äußerer Aktivität. Stress gab es offenbar schon immer. Gerade weil er als Mönch selbst immer wieder an eine Schmerzgrenze gekommen ist, kann er dem anderen raten: „Gönne dich dir selbst. Ich sage nicht: Tu das immer! Ich sage nicht: Tu das oft! Aber ich sage: Tu es immer wieder einmal! Sei so, wie du für alle anderen da bist, auch für dich selbst da – oder jedenfalls sei es nach allen anderen."

Wenn wir dieses Wort mitnehmen, werden wir vielleicht auch genießbarer für unsere Mitmenschen …

3

DEN TAG SCHON VOR DEM ABEND LOBEN

„Man soll den Tag nicht vor dem Abend loben." Recht hat dieses alte Sprichwort! Denn wer weiß schon, was heute noch alles dazwischenkommt, was alles daneben geht oder schief läuft. Ja, ich habe nicht einmal eine Garantie, dass ich den heutigen Abend noch erleben werde.

Dennoch – ja vielleicht gerade deshalb: Man *kann* den Tag schon vor dem Abend loben, wie mir vor kurzem ein guter Freund mit auf den Weg gegeben hat. Den Tag schon am Morgen loben, beim Aufwachen, bei der Morgentoilette, beim Frühstück oder beim Lesen dieser Zeilen …

Wie entscheidend sind für das Gelingen eines Tages gerade die ersten Gedanken beim Aufwachen. Oft hängt davon ab, ob ich mit dem falschen Bein aus dem Bett steige oder nicht, ob ich dem neuen Tag eine Chance gebe – mit dem

Angenehmen *und* Unangenehmen; mit dem Schwierigen und Schönen; mit allen Herausforderungen, die auch Chancen werden können.

Ein neuer Tag liegt vor mir! Grund genug, den Tag schon vor dem Abend zu loben!

4
ABENDKULTUR

Mit welchen Bildern, Gefühlen und Gedanken sind wir gestern Abend eingeschlafen? Es lohnt sich, noch einmal darüber nachzudenken. Denn oft besteht ein innerer Zusammenhang zwischen unserer „Abendkultur" und dem Erwachen am Morgen. Bin ich nach einem guten Gespräch oder einer zärtlichen Begegnung eingeschlafen oder im Ärger oder Streit? Haben mich aufreizende Bilder und Szenen der Gewalt bis zuletzt und vielleicht bis in die Träume hinein begleitet? Oder eine gute Lektüre? Bin ich vor Müdigkeit oder alkoholtrunken ins Bett gefallen? Oder habe ich mich ganz bewusst in einem gesunden Urvertrauen fallen lassen können, indem ich den Tag getrost dem Schöpfer zurückgegeben habe?

Mir selbst ist wichtig geworden, noch einmal still zu mir zu kommen und in aller Ruhe, mit liebender Aufmerksamkeit den Tag an mir vorüberziehen zu lassen,

Bilder, Geschehnisse, Gefühle noch einmal nachzukosten, um sie dann auch wirklich abgeben zu können. Erst dann habe ich das Gefühl, den Tag wirklich gelebt zu haben.

Und wenn mich dann noch ein gutes Wort in den Schlaf begleitet, erwartet es mich schon am nächsten Morgen beim Erwachen. Wie heißt es im Schöpfungsbericht der Bibel: „Gott sah, dass es gut war. Und es ward Abend und Morgen, ein neuer Tag."

5
MEIN WEG

Heute morgen bin ich aufgestanden. In mein Leben hinein. So, wie es geworden ist …

Oft fragen wir uns, warum unser Leben so anders geworden ist, als wir dachten. So viele Möglichkeiten und Perspektiven schienen uns in der Jugend anzulocken. Dieses und jenes wollten wir schaffen, unser Leben sollte etwas Besonderes, etwas Einmaliges werden!

Einmalig ist es in der Tat, so alltäglich es auch ausschauen mag. Es ist *mein* Leben, dem ich den Stempel aufgedrückt habe. Besteht das Glück nicht darin, zu meinem Leben zu stehen und ja dazu zu sagen, so wie es nun einmal ist?

Auch wenn ich ihn nicht immer sehe – ich glaube daran, dass es einen roten Faden gibt. Ich vertraue darauf, dass sich mir irgendwann einmal erschließt, wozu diese und jene Wegstrecke, dieser und jener Umweg gut waren. Wichtig ist, dass ich meinen Weg weitergehe. Immer wieder kommen mir hier die Worte Werner Sprengers in den Sinn:

„Es gibt einen Weg, den keiner geht, wenn du ihn nicht gehst. Wege entstehen, indem wir sie gehen. Die vielen zugewachsenen, wartenden Wege sind von ungelebtem Leben überwuchert. Es gibt einen Weg, den keiner geht, wenn du ihn nicht gehst; es gibt *deinen* Weg, einen Weg, der entsteht, wenn du ihn gehst."

6
DIE KLANGSCHALE

In der Hand halte ich eine Klangschale aus Tibet. Ihr Klang lädt zur Stille und Meditation ein. Ich schlage sie an und lausche dem langsam verklingenden Ton nach ... Stille ...

Jede Schale hat einen unverwechselbaren Ton. So, deutete mir dies ein Freund, hat auch jeder Mensch seinen unverwechselbaren, einmaligen Ton, den es zum Klingen zu bringen gilt. Es ist die ganz persönliche Berufung eines jeden Menschen, eine Gabe des Schöpfers. Um diesen Klang Gottes in mir wahrzunehmen, sind freilich zwei Voraussetzungen nötig:

Es braucht jemanden, der die Klangschale anschlägt und zum Klingen bringt. Jemanden, der mir hilft, meinen persönlichen Weg zu verstehen und für andere fruchtbar werden zu lassen.

Es ist gut, mir immer wieder einmal die wichtigen „An-Stöße" in meinem Leben in Erinnerung zu rufen: ein Wort, das mir geholfen hat, eine Entscheidung zu treffen; eine Begegnung, in der ich verstanden habe: Das ist das Richtige für mich! Vielleicht auch eine Ermutigung: Das kannst du! Oder eine hilfreiche Kritik: Das kannst du doch auch anders!

In solchen Augenblicken wurden wir gewissermaßen aus unserem Dornröschenschlaf wachgeküsst. Wir spürten: Das ist gut, das ist „meines", das entspricht mir …

Eine zweite Voraussetzung braucht es: Wenn die Schale klingen soll, muss sie leer sein. In dem Maß, wie ich offen und vorurteilsfrei bin, wie ich mich frei mache von der Pflege eines bestimmten Images und eingefahrenes Rollenverhalten überwinde, in dem Maß wird mein ureigener Klang zum Tragen kommen – und wer wünschte nicht, ganz er selbst, sie selbst zu sein! Auch heute …

7
AUFMERKSAMKEIT

Die Not unseres Alltags ist die Oberflächlichkeit. Leidvoll müssen wir feststellen, dass wir oft mehr gelebt werden, als dass wir leben. Was habe ich am Abend in der Hand? Wie Sand zwischen den Fingern zerrinnen die Tage, einer nach dem anderen … Kann das sein? Kann das *alles* sein?

Es gibt Erfahrungen, in denen ein ganz anderer Ton vorherrscht, der uns aufhorchen lässt. Eine solche geradezu schockierende Erfahrung hat Alfred Delp festgehalten. Im Angesicht des Todes schreibt er am 17.11.1944 im Gefängnis Tegel:

„Die Welt ist Gottes so voll. Aus allen Poren der Dinge quillt er gleichsam uns entgegen. Wir aber sind oft blind. Wir bleiben in den schönen und in den bösen Stunden hängen und erleben sie nicht durch bis an den Brunnen, an dem sie aus Gott herausströmen. Das gilt für alles Schöne und auch für das Elend. In allem will Gott Begegnung feiern und fragt und will die anbetende, hingebende Antwort."

„*Wir* sind oft blind …", so die Feststellung von Alfred Delp. Vielleicht liegt es daran, dass uns der Alltag oft grau erscheint. Vielleicht braucht es „nur" … ein wenig mehr Aufmerksamkeit! Denn, so Simone Weil, Aufmerksamkeit ist schon fast Gebet und „die Spitze der Aufmerksamkeit berührt Gott".

II – Das Geheimnis des Augenblicks

1
(K)EIN KINDERSPIEL

Ein sehr alltägliches Erlebnis hat mich neulich – nicht zum ersten Mal – nachdenklich gemacht: Ich beobachtete Kinder beim Spielen. Sie taten es mit ungeheurem Ernst und großer Freude, als gäbe es nichts anderes und nichts Wichtigeres auf der Welt. Alles andere war vergessen …

Und wieder einmal dachte ich: Wie oft tun wir Erwachsenen in unserer hektischen Wichtigtuerei so, als könnten wir die Zeit an uns reißen! Und dabei überkommt uns erst recht das Gefühl, dass sie uns wie Sand zwischen den Fingern zerrinnt. Haben wir mehr in der Hand als diesen Augenblick, als das Jetzt, das

Hier und Heute? Wie wäre es, wenn wir das, was wir jetzt gerade tun und was uns heute aufgetragen ist, mit dem Ernst von Kindern lebten, die nichts als ihr Spiel kennen?

Der Schlüssel zum Glück liegt im Jetzt. Nicht immer schon auf dem Sprung sein, sondern bei dem, was ich gerade tue, und dies mit ganzem Herzen.

2
ALS WÄRE ES DER LETZTE TAG

Kurz vor dem Crash schrecke ich aus dem Halbschlaf auf. Gott sei Dank! Ich habe nur geträumt. Geträumt, was mir am Tag zuvor um ein Haar passiert wäre: Auf einer Schnellstraße scherte im Gegenverkehr plötzlich ein großer Wagen aus, um einen Lastwagen zu überholen. Er fuhr direkt auf mich zu. Zum Bremsen war es zu spät. Ich zog möglichst weit nach rechts, der Lkw auch. Unsere drei Autos rasten aneinander vorbei. „Das ist noch einmal gut gegangen!“, dachte ich bei mir. Ich hatte noch einmal Glück gehabt. Für mich war es wie ein Wunder, und ich verspürte tiefen Dank gegenüber Gott, dass mir mein Leben noch einmal geschenkt worden war. Spontan kam mir ein Gebet in den Sinn: „Herr, lass mich immer reden, als wäre es das letzte Wort, das ich sprechen kann. Lass mich immer handeln, als wäre es die letzte Handlung, die ich vollbringen kann.“

Als ich heute Morgen aufwachte, klangen diese Worte in mir nach. Wäre dies nicht ein gutes Leitmotiv für heute?

Lass mich immer reden,
als wäre es das letzte Wort,
das ich sprechen kann.
Lass mich immer handeln,
als wäre es die letzte Handlung,
die ich vollbringen kann.
Lass mich immer leiden,
als wäre es der letzte Schmerz,
den ich anbieten kann.
Lass mich immer beten,
als wäre es für mich auf Erden
die letzte Chance, mit dir zu reden.

(Gen Verde – nach einem Text von Chiara Lubich)

3
STRESSFREI IM AUGENBLICK

Wer kennt nicht den täglichen Stress, der uns so zu schaffen macht und dem wir oft nicht entfliehen können. Ich meine nicht den „guten" Stress, jenen Lebenselan, der Kräfte in mir freisetzt, meine Phantasie anregt und Freude schenkt. Ich denke vielmehr an den ungesunden Stress, den ich mir oft selbst mache.

Ungesunder Stress entsteht zum Beispiel dann, wenn ich mit meiner augenblicklichen Situation nicht im Reinen bin, wenn ich aus dem Hier und Jetzt herausfalle: Ich wandere in der Vergangenheit umher – und dann holt mich dieses und jenes ein, Unerledigtes und Versäumtes kommt hoch und bedrängt mich umso mehr ... Oder ich lebe in der Zukunft – in Träumen oder Ängsten vor dem, was alles kommen könnte.

So oder so: Die Kräfte, die ich für das Heute brauche, werden geschwächt. Dabei spielt sich mein Leben doch im Heute ab! Und heute kann ich einen neuen Anfang setzen; heute kann ich mich mit liebender Aufmerksamkeit der Aufgabe stellen, die jetzt „dran ist". Heute – und *nur* für heute habe ich die Kraft, auch die Last meines Lebens zu tragen.

Ich kenne keinen anderen Schlüssel zum Glück, als ganz und gar *ja* zu sagen zum Hier und Heute, ganz bewusst und mit Liebe zum Detail jeden Augenblick meines Lebens in die Hand zu nehmen. *Heute* ist der Ernstfall meines Lebens. Wenn ich das ernst nehme, kommt ein wenig mehr Leichtigkeit hinein!

4
NUR FÜR HEUTE

Bis heute erinnern sich viele Menschen an Papst Johannes XXIII., an seine große Menschlichkeit, seine Güte und Heiterkeit. Sein Tagebuch verrät etwas vom Geheimnis seines Lebens:

„Nur für heute werde ich mich bemühen, den Tag zu erleben, ohne das Problem meines Lebens auf einmal lösen zu wollen …

Nur für heute werde ich eine gute Tat vollbringen, und ich werde es niemandem erzählen.

Nur für heute werde ich etwas tun, zu dem ich keine Lust habe …

Nur für heute werde ich keine Angst haben … Mir ist es gegeben, das Gute zwölf Stunden lang zu wirken; es könnte mich entmutigen zu denken, dass ich das Gute mein ganzes Leben lang durchsetzen muss."

Nur für heute – ein Motto, das wir nie genug verinnerlichen können. Es ist *die* Hilfe, gelassener in den Tag zu gehen.

5
ICH HABE KEINE ZEIT

„Ich habe keine Zeit!“ Wie oft haben wir mit diesem Wort schon jemandem wehgetan! Wie oft wurden wir selbst durch dieses Wort von anderen enttäuscht! „Ich habe keine Zeit …“ – Der Blick in den Terminkalender bestätigt es: Fast alles ist verplant, der Abend, das Wochenende, der Urlaub, … mein Leben? Das kann doch wohl nicht sein!

„Ich habe jetzt keine Zeit für dich, weil ich einem andern versprochen habe, jetzt für ihn da zu sein.“ – Eine solche Aussage verstehe ich. Jeder kann immer nur für einen ganz da sein. Problematisch wird es, wenn (fast) nie Zeit ist, für (fast) nichts und niemand … Dann haben wir uns offenbar verloren …

Sage mir, für wen du Zeit hast, und ich sage dir, wer du bist. Zeit gehört zum Kostbarsten, was ich zu geben habe. Sie lässt sich nicht kaufen. Sie ist ein Stück von mir, von meinem Leben. Fragen wir uns: Wofür nehmen wir uns heute Zeit?

6
EIN TAG DER ACHTSAMKEIT

Eines können wir immer: aus dem heutigen Tag „einen Tag der Achtsamkeit" machen. Diese so ungewöhnliche, einfache Idee verdanke ich dem buddhistischen Mönch Thich Nhat Hanh aus Vietnam. Er rät dazu, einen Tag in der Woche sich ganz der Praxis von Achtsamkeit zu widmen. Ich habe es versucht; es ist gar nicht so leicht. Ich brauche nicht mehr oder weniger und nichts anderes zu tun als das, was dieser Tag bringt – doch alles mit innerer Achtsamkeit, also ganz bewusst, mit Liebe zum Detail, aus Freude am Leben. Und alles, was ich dann tue, vom Aufstehen über das Zähneputzen zum Frühstück, alles tue ich aus einer inneren Mitte heraus. Indem ich darauf achte, immer nur *dieses Eine* zu tun und dies *ganz*, bin ich nicht schon in Gedanken auf dem Sprung zum nächsten; ich lasse Dinge nicht halb erledigt liegen, schweife im Gespräch mit meinem Gegenüber nicht ab. Dadurch entdecke ich die Kostbarkeit des gegenwärtigen Augenblicks. In allem herrscht eine heitere Sammlung, eine Atmosphäre der Andacht. Mein Leben selbst in seiner Alltäglichkeit wird zur Meditation. Es ist sehr einfach, aber ich weiß, wie schwer es fällt. Auf den Versuch kommt es an. Warum nicht … heute?

7
UNTERBRECHUNGEN

Wer kennt sie nicht, die Sehnsucht nach einer Unterbrechung des Alltags? Wir wünschen uns das Wochenende herbei, einen freien Tag, den Urlaub. Unterbrechungen tun Not. Manchmal frage ich mich: Warum nützen wir eigentlich nicht die Momente, in denen wir mitten im Arbeitsalltag „unterbrochen" werden? Warum nützen wir sie nicht zum Durchschnaufen und zum Atemholen der Seele?

Wie viele Wartezeiten durchbrechen unseren Tag: im Geschäft oder Parteiverkehr zwischen einem Kunden und dem andern, an der Bushaltestelle oder vor der roten Ampel, vor dem Computer-Bildschirm oder vor dem Automaten, der das Gewünschte einfach nicht ausspucken will ..., im Stau? Eine Minute, vielleicht auch nur einige Sekunden durchatmen, zu sich selber kommen, sich sammeln ... Ein geistlicher Wegbegleiter von mir nannte es das „Pausengebet". Wir müssen uns nicht pausenlos verausgaben, wir können die uns aufgezwungenen Pausen nützen und durchatmen, stille werden, wenigstens kurz innehalten.

Vielleicht ist das schon Gebet …

III – Liebe und tu, was du willst

1
LIEBE UND TU, WAS DU WILLST!

Wo kämen wir hin, wenn sich jeder nach diesem Wort von Augustinus verhielte! Liebe macht doch blind und führt auch zu Verrücktheiten; wo bleiben da Gesetz und Ordnung?

Eine recht verstandene Liebe freilich, so wie Jesus sie gemeint und uns als sein Gebot ins Herz geschrieben hat, ist sich selbst Gesetz. Wie anders sähe die Welt aus, wenn sie von einer „Kultur der Liebe" geprägt wäre, in der „der Wille zum Frieden den Streit beendet, Verzeihung den Hass überwindet und Rache der Vergebung weicht", wie es in einem Gebet heißt.

„Wer den andern liebt, hat das Gesetz erfüllt" (Römer 12,8), erklärt Paulus lapidar. Ein solcher Mensch hat ein Herz aus Fleisch und nicht aus Stein – ein Geschenk des Gottesgeistes.

Die Liebe, die er in unser Herz legt, begegnet dem andern so, wie er geliebt werden will. Sie „erträgt alles, glaubt alles, hofft alles, hält allem stand" (1 Korinther 13,7). Eine solche Liebe vertreibt die Furcht und kapituliert nicht vor der Angst, dass es weh tun könnte. Sie macht frei und froh, sie ist ein Vorgeschmack des Himmels; denn „wo die Liebe und die Güte, da ist Gott".

2
FLUCHT NACH VORN

Die Wüstenväter der ersten christlichen Jahrhunderte, wahre Meister in der Kenntnis der Seele, sprechen immer wieder von der Gefahr der *akedía*: einer Lustlosigkeit und Lähmung unserer Antriebskräfte, einer tiefen Traurigkeit, vielleicht sogar Überdruss und Ekel vor dem Leben. Eine solche innere Verfassung kann auch Ausdruck einer Depression sein, sie kann als Lebenskrise auftauchen, sie kann sich unter Umständen auch zu einer Grundhaltung verfestigen.

Neben diesen weit verbreiteten ernsten Formen gibt es auch eine Art alltäglicher *akedía*. Wir alle kennen so etwas wie den „Mittagsdämon", der uns kurzfristig überkommt; wer hätte nicht in der Hektik des Tagesgeschäfts hin und wieder eine müde, träge Stunde? Und dann gibt es Zeiten, in denen solche Stunden häufiger werden.

All das kann physische Ursachen haben. Vielleicht muss ich mich einfach einmal ausschlafen, vielleicht brauche ich mehr Bewegung, vielleicht ist auch mal ein gründliches Durchchecken nötig.

Manchmal hilft mir auch einfach „die Flucht nach vorn“: eine Arbeit (womöglich eine unangenehme!) einfach anpacken und schultern! Oder ich gebe mir einen Ruck und nehme diesen oder jenen Kontakt wieder auf, ich wende mich jemand zu, lasse mich auf seine Sorgen und Probleme ein … und oft genug stelle ich im Nachhinein fest: Ich habe dabei meinen eigenen „Seelenschmerz“ glatt vergessen. Und der „Dämon“ ist gebannt!

3
WAS BLEIBT

„Endlich habe ich meine Berufung gefunden: Meine Berufung ist die Liebe!“

Dieser Ausruf stammt von Therese von Lisieux. Fotos dieser Frau, die vor gut hundert Jahren gestorben ist, zeigen meist ein Lächeln um ihren Mund, ein Zeichen, dass sie inmitten aller Anfechtung mit ihrer Berufung glücklich war, in ihrem nur 24 Jahre dauernden und großenteils verborgenen Leben hinter Klostermauern.

„Meine Berufung ist die Liebe!“ Ob dies nicht von jedem Menschen gilt? Wir wissen, dass Menschen unter Liebesentzug verkümmern und dass sie aufblühen, wo sie Liebe erfahren. Irgendwann hat wohl jede, jeder von uns einmal erlebt, dass Liebe glücklich macht. „Auch unglücklich!“, wird mancher einwenden. Ja, denn Liebe ist sehr zerbrechlich, und wenn sie scheitert, tragen wir vielleicht ein ganzes Leben

Wunden mit uns. Aber es gilt auch, dass Liebe nie vergebens ist.

Das Einzige, was am Ende meines Lebens bleibt, ist, wie viel ich geliebt habe. Das Einzige, was am Ende *dieses Tages* bleibt, ist, wie viel ich *heute* geliebt habe.

4
DIE GOLDENE REGEL

Welch düsteres Szenario bekommen wir täglich durch die Nachrichten ins Haus geliefert, und was erleben wir oft selbst im beruflichen Alltag an Negativem: Konkurrenz, Mobbing, Übervorteilung, Ellenbogenmentalität ... Dabei wäre es doch so einfach:

„Liebe deinen Nächsten
wie dich selbst!"
(Levitikus 19,18; Lukas 10,27)

Diese biblische Maxime findet sich als „goldene Regel" in allen großen Religionen, in der negativen Form „Was du nicht willst, das man dir tu, das füg auch keinem andern zu!" oder in der positiven, wie Jesus sie gebraucht:

„Alles, was ihr von anderen erwartet,
das tut auch ihnen!"
(Matthäus 7,12).

Wir spüren sofort: „Das ist es!" Eigentlich ist es so einfach, fast selbstverständlich. Und doch: Es wäre eine Revolution, wenn die Menschen sich daran hielten. Und wie anders sähe die Welt aus, wenn ganze Gruppen, ja ganze Völker und Staaten sich dieses Wort zu Eigen machten!

Eine Illusion? Eine Utopie? Lassen wir diese Frage ruhig offen. Auf jeden Fall ist es eine Vision, die uns Menschen tief ins Herz gelegt ist. Für alle, die nüchterner veranlagt sind: Die Goldene Regel ist ein Grundsatz, der dem Verstand als wichtige Basis des Zusammenlebens einleuchtet. Grund genug, dass ich sie einmal einen Tag lang zu meinem Motto mache:

Alles, was ich von anderen erwarte,
das will ich auch ihnen tun!

5
VOR-EINSTELLUNG

„Ich grüße Sie! Wir kennen uns, schön, dass wir uns jetzt begegnen!“ – „Woher kennen Sie mich?“ – „Ich habe seit langem schon für Sie gebetet.“

Dem früheren Aachener Bischof Klaus Hemmerle ist dies einmal widerfahren.

Eine sonderbare Begebenheit, die mir, seit er davon erzählte, immer wieder in den Sinn kommt. Sie sagt mir, wie wichtig die Vor-Einstellung ist: Wenn ich mich vor einer wichtigen Begegnung auf den andern eingestellt habe, wenn ich ihn in Gedanken und gerade auch im Gebet mit mir getragen habe, wird die Begegnung anders.

Ich versuche ihm vorurteilsfrei, mit Achtung und jener guten inneren Spannung gegenüber zu treten, die ein bewusstes Da-Sein ausmacht.

Ich „plumpse“ nicht einfach hinein ins Gespräch. Ohne die entsprechende Vor-Einstellung passiert es leicht, dass ich mein Gegenüber überfahre, voll von mir selbst, vielleicht gar von massiven Interessen geleitet, dass ich kein Herz, kein offenes Ohr für ihn habe.

Eine wirkliche Begegnung ist ein Wunder; ein Mensch, der mir begegnet, ein Geschenk; seine Gaben für mich eine Bereicherung. Auf meine Vor-Einstellung kommt es an!

6
WEISST DU, WAS MIR WEH TUT?

Du sagst, du liebst mich. Weißt du auch, was mir weh tut?"
– „Nein."
– „Dann liebst du mich auch nicht!"

Diese jüdische Weisheitsgeschichte führt uns ebenso anschaulich wie tiefsinnig vor Augen, wie oberflächlich manche unserer Beziehungen sind. Von wem wissen wir schon, was ihm wirklich weh tut? Wer weiß von mir, was mir weh tut? Unter Kollegen am Arbeitsplatz, bei gemeinsamen Freizeitbeschäftigungen, ja selbst in der eigenen Familie und unter Freunden haben wir manchmal das Gefühl, dass wir uns nichts Wesentliches zu sagen haben. Vielleicht ahnen wir, dass der andere „eigentlich" noch viel zu sagen hätte, aber es ist nicht der Raum, nicht der Boden dafür da.

Umgekehrt stellen wir fest: Da, wo einer in aller Behutsamkeit einen Weg findet, über das, was ihm weh tut, über seinen Schmerz, seine Einsamkeit und seine Schuld zu reden, kann das Gespräch eine ganz neue Tiefe bekommen. Der Schmerz kann Menschen auf tiefe Weise verbinden. Wenn ich um den Schmerz des andern weiß, schenkt sich mir etwas von seinem Geheimnis … Wenn ich jemand an meinem Schmerz teilhaben lasse, gebe ich etwas preis von meinem Geheimnis.

Das geht nicht immer und nicht überall; denn wir machen uns damit verletzlicher (dies ist der Preis, um wirklich lieben und geliebt werden zu können!). Doch ich bin sicher: Es gibt viele Gelegenheiten, offener, wachsamer zu sein für das, was einem anderen weh tut – und zugleich offener zu sein im Teilgeben an dem, was *mir* weh tut. Wo das geschieht, begegnen wir einander an einem ganz tiefen Punkt.

7
BEIM NAMEN GERUFEN

Wenn ich mit meinem Namen angesprochen werde, reagiere ich anders als dort, wo jemand „anonym" (namen-los) etwas von mir will. Werde ich mit meinem Namen angesprochen, bin ich ganz persönlich gemeint.

Den Namen habe ich mir nicht selbst gegeben, genauso wenig wie das Leben. Der Name macht deutlich, dass ich immer mehr bin, als ich nur von mir her bin. Die Bibel spricht davon, dass Gott uns beim Namen gerufen hat und immer wieder neu ruft, wenn wir uns vor ihm verstecken. Dies zeigt uns schon die biblische Geschichte vom Paradiesgarten: „Adam, wo bist du?" (Genesis 3,9).

„Ich habe dich beim Namen gerufen" (Jesaja 43,1), spricht der Herr; er hat mich in seine Hand geschrieben (vgl. Jesaja 49,16).

Schöner lässt sich kaum ausdrücken, wie wertvoll und einmalig ich vor Gott bin. Gerade dies ist Ausdruck seiner schöpferischen Liebe:

„Mit ewiger Liebe
habe ich dich geliebt."
(Jeremia 31,3)

Ein Wort, das – ich kann es oft kaum glauben! – auch mir gilt! Mir. Und – auch das kann ich oft kaum glauben – jedem Menschen. Auch denen, die heute meine Wege kreuzen, denen, die ich mit Namen kenne, wie auch den vielen namenlosen Gesichtern, ihnen allen gilt das Wort:

„Mit ewiger Liebe
habe ich dich geliebt."

Wenn ich mir das hin und wieder vergegenwärtige, sehe ich die Menschen mit anderen Augen. Sogar mich selbst.

IV – Auf der Suche nach Gott

1
EIN GROSSES JA

Es gibt Situationen, in denen wir am Boden zerstört sind. Am liebsten würden wir Schluss machen, es ist aus, hoffnungslos. Wie gut ist es dann zu wissen, dass Gott keinen Menschen abschreibt, dass es bei ihm *immer* einen neuen Anfang geben darf.

Der evangelische Theologe Paul Tillich sagt:

„Die Gnade trifft uns, wenn wir in großer Qual und Unruhe sind …,

sie trifft uns, wenn wir fühlen, dass wir ein anderes Leben verletzt haben …,

sie trifft uns, wenn der Ekel an unserem eigenen Sein unerträglich geworden ist …

Zuweilen bricht in einem solchen Augenblick eine Welle von Licht in unsere Finsternis ein, und es ist, als ob eine Stimme sagte: ‚Du bist dennoch bejaht, nimm nur dies an, dass du bejaht bist.'"

Auf die Frage nach Gott, auf die Frage, ob es ihn gibt, wie er ist, wo er in meinem Leben ist, auf diese Fragen gibt es viele Antworten, und keine ist „fertig". Wir können das Geheimnis Gottes nie erschöpfend erfassen. Der Glaube sagt uns, dass Gott ganz nah ist und transzendent, unergründliches Mysterium und zugleich wie ein Vater, wie eine Mutter.

Eine wunderbare Auskunft. Denn das heißt doch, dass er selbst ein Interesse an uns hat. Er will und er wird schon einen Weg zu uns finden, wenn wir uns nicht bewusst dagegen sperren. Vielleicht gerade in einem Moment, in dem wir „ganz unten" sind, in dem es ist, als ob eine Stimme sagte: Du bist dennoch bejaht!

2
DER TEPPICH

Haben Sie schon einmal einen Teppich von unten angeschaut? Da ist nicht viel zu erkennen von der Farbenpracht und der Schönheit des Musters, da sieht man Grau in Grau und viele, viele Knoten.

Könnte dies nicht ein Bild sein für die „Unterseite" unseres Lebens? Für das Grau unseres Alltags, für das Stückwerk, das unser Leben oft zu sein scheint, für das mehr schlecht als recht Zusammengeflickte und für das Unlösbare, das uns das Leben schwer macht.

Nicht so leicht tun wir uns mit der Vorstellung, dass all dies auf der „Oberseite" ein schönes Muster ergeben soll.

Es gibt freilich Augenblicke, in denen wir eine Ahnung davon bekommen. Augenblicke, in denen uns aufblitzt, dass das Leben nicht aus einer Aneinanderreihung von Zufällen besteht, dass es mehr ist als die selbst gebastelten Erfolge (und Niederlagen). Augenblicke, in denen wir den Eindruck haben, dass eine Hand uns hält, uns trägt, uns weiterführt … Knüpft da doch jemand an einem schönen Teppich? Ein Wort des Apostels Paulus stimmt mich diesbezüglich recht hoffnungsfroh:

„Wir wissen, dass Gott bei denen,
die ihn lieben, alles zum Guten führt."
(Römer 8,28)

3
IN UNS ODER NIRGENDS

In Bertolt Brechts „Leben des Galilei" antwortet Galilei auf die wiederholte Frage, wo denn Gott in seinem System sei: „In uns oder nirgends."

Gott in uns?

Dann müsste ich ihn längst schon gefunden haben!? Wirklich?

Laufen wir nicht täglich vor uns selber davon? Haben wir überhaupt Zeit für uns? Nicht, um uns wieder abzulenken, sondern Zeit für uns ganz persönlich. Im Sinne von Karl Valentin: „Heute gehe ich mich besuchen; mal schauen, ob ich auch daheim bin."

Dort, wo ich ganz bei mir selber bin, mich aushalte oder mich an mir freue, da kann es passieren, dass ich auf einmal nicht mehr allein bin, sondern mich von einem andern, einem Du angesprochen weiß. Ich spüre seine Nähe … Wenn Gott nicht in mir ist, wie sollte ich ihn dann woanders finden?

Vielleicht aber habe ich Gott auch schon mal in einem anderen Menschen gefunden, als ich mich selbst ganz, ganz leer fühlte … „In uns oder nirgends" – wenn nicht spürbar in mir, vielleicht in einem anderen?

Ausschau halten nach Gott, indem ich versuche, ganz bei mir selber zu sein. Ausschau halten nach Gott, indem ich versuche, ganz beim anderen zu sein: mein doppeltes Leitmotiv für heute!

4
DAS GANZE IM FRAGMENT

Wer träumt nicht vom großen Wurf seines Lebens. Doch was wir in Händen halten, ist oft nur Fragment. Haben wir nicht manchmal den Eindruck, am eigentlichen Leben vorbeizuleben, Tag für Tag der Oberflächlichkeit und Routine preisgegeben, dem Grau des Alltags, das den ersehnten Glanz über unserem Leben verdeckt? Und doch setzt sich unser Leben aus einer unendlichen Zahl von Tagen, grauen Alltagen, zusammen, in denen unser Glück verborgen liegt. Gerade mitten in unserem grauen Alltag will das Leben mit uns Begegnung feiern.

Dic Wirklichkeit, die Menschen um mich, die vielgestaltige Not, das Leben, so wie es ist, *mein* Leben: das alles ist das Medium, dessen sich Gott bedient, um mich anzusprechen, mit mir in Beziehung zu treten.

In der Art und Weise, wie ich mit der Wirklichkeit, mit den Menschen um mich, mit der vielgestaltigen Not, mit dem Leben, so wie es ist, mit *meinem* Leben umgehe, kann ich Gott antworten, ins Gespräch mit ihm einsteigen, ihn je neu fragen: Was willst du wohl jetzt, dass ich tue, guter Gott?

Alles kann Teil dieses Gesprächs werden. Wo dies geschieht, kommt Farbe ins Leben. Und was fragmentarisch erscheint, ein unbedeutendes winziges Teilchen, tritt in Beziehung zu dem, der alles umfängt und unserem Leben Weite zu geben vermag – immer. Der Jesuit Alfred Delp schrieb am 6. Januar 1945, wenige Wochen vor seinem gewaltsamen Tod: „Man muss die Segel in einen unendlichen Wind stellen, dann erst werden wir spüren, zu welcher Fahrt wir fähig sind. Die freie und vorbehaltlose Begegnung mit dem Herrgott erst gibt dem Menschen seinen eigenen Raum … Das gebeugte Knie und die hingehaltenen leeren Hände sind die beiden Urgebärden des freien Menschen … Mensch, lass dich los zu deinem Gott hin und du wirst dich selbst wieder haben."

5
GOTT IN ALLEN DINGEN SUCHEN UND FINDEN

Ein Gottsucher kommt zum Rabbi und sagt zu ihm: „Ich gebe dir eine Kopeke, wenn du mir sagst, wo Gott wohnt!"

Der Rabbi antwortet ihm: „Und ich gebe dir hundert Kopeken, wenn du mir sagst, wo Gott nicht wohnt."

Ich sehe, was ich im Herzen trage.

Bin ich froh, entdecke ich Frohmachendes auch in meiner Umgebung und bei meinen Mitmenschen.

Bin ich traurig, erscheint mir oft die ganze Welt trist.

Trage ich Gott im Herzen, entdecke ich ihn auch zwischen den Zeilen meines Alltags. Es gilt, wie Ignatius treffend sagte, Gott in allen Dingen zu suchen und zu finden.

Wie? Zum Glück, so möchte ich sagen, gibt es kein Rezept: Es raubte diesem Wort das Geheimnisvolle und die Faszination. Sicher geht es nicht um ein krampfhaftes Bemühen, Gott „hinter“ den Dingen zu suchen. Wir nähmen seine Schöpfung nicht richtig wahr und nicht ernst. Wir würden ihn eben nicht *in* allen Dingen finden …

Gott in allen Dingen suchen und finden – wie? Zwei Worte, die das Geheimnis wahren, können eine Spur weisen:

Staunen und Dankbarkeit.

6
GOTT IST (IMMER!) ANDERS

„Gott ist anders" – so der deutsche Titel eines Bestsellers aus den 68ern aus der Feder des anglikanischen Bischofs E. T. Robinson. Das Buch hat damals aufgeräumt mit so manchen allzu menschlichen Vorstellungen von Gott und Erwartungen an ihn; viele Menschen, auch mich, hat es verunsichert. Inzwischen habe ich gelernt, dass ich meine Gottesbilder immer wieder hinterfragen muss, dass ich zusehen darf, wenn ein von mir gewohntes Bild von Gott zerbricht, damit ein neues, wahreres Bild zum Vorschein kommt.

Das jüdische Bilderverbot, sich von Gott kein Bild zu machen, hat einen tiefen Sinn. Denn ich kann mir kein Bild nach meinen Maßen machen von dem großen Geheimnis, das wir Gott nennen. Wenn ich es tue, ist es eben kein Bild von Gott.

Und doch spricht dieselbe Bibel in Bildern von ihm: von Gott, der Vater und der wie eine Mutter ist, vom Hirten und König, vom Freund und Liebespartner. Solche Bilder können uns Menschen helfen, uns Gott zu nähern, wenn wir dabei nur nicht vergessen, was Martin Buber sagt: „Alle Vorstellungen von Gott sind nur Richtungspfeile oder notwendige Schwellen, die der Mensch auf dem Weg zu Gott benutzt, aber zugleich immer wieder übersteigen und hinter sich lassen muss. Die Wirklichkeit Gottes erfährt der Mensch nicht in diesen Vorstellungen und Worten, sondern nur in der lebendigen Begegnung."

Ein schwindelerregender Gedanke: Ein lebendiges Du will mich, will uns durch diesen Tag begleiten.

7

ALLES BEGINNT MIT DER SEHNSUCHT

„Alles beginnt mit der Sehnsucht", lese ich bei Nelly Sachs. Kenne ich die Sehnsucht noch? Wonach habe ich Sehnsucht? Heute, an diesem Morgen? Vielleicht Sehnsucht nach Ruhe und Erholung, nach Urlaub oder auch nach mehr Bewegung in meinem Leben, nach Veränderung, nach etwas Spannendem und Erregendem, nach etwas ganz anderem?

Gut, wenn sie nur noch spürbar ist, die Sehnsucht, nicht erloschen unter der Asche zerstörter Hoffnungen und enttäuschter Erwartungen, unter der resignierten Feststellung: „Es ändert sich doch nichts mehr. Mein Leben hat keine Perspektiven."

Solange ich noch Unruhe verspüre, Heimweh oder Fernweh, Sehnsucht nach mehr Zuhause oder mehr Freiheit, ist Hoffnung da.

Spüren wir dieser Sehnsucht nach. Die Spur führt weiter zu etwas, das größer ist als wir, zu etwas, was uns paradoxerweise erst „voll und ganz Mensch" sein lässt. – Unruhige Wesen unendlicher Sehnsucht sind wir. „Unruhig ist unser Herz, bis es ruht in dir", schrieb Augustinus. In dir, dem vielleicht Unbekannten, dem Größeren, dem uns liebevoll umfangenden Du.

In derselben Reihe ist erschienen:

Wolfgang Bader / Stefan Liesenfeld (Hrsg.)
MARIA
Vier Wochen mit ... der Mutter Jesu

64 Seiten, kartoniert, ISBN 3-87996-680-X

Aus der Reihe MINIMA:

Pasquale Foresi
BETEN
Anregungen zu einem tieferen Gespräch mit Gott

48 Seiten, kartoniert, ISBN 3-87996-551-X

Chiara Lubich
VON DER KUNST ZU LIEBEN

Über die christliche Liebe.
48 Seiten, kartoniert, ISBN 3-87996-620-6

Carlo Maria Martini
GOTTES SCHWÄCHE FÜR DEN MENSCHEN
Die befreiende Botschaft vom Kreuz

48 Seiten, kartoniert, ISBN 3-87996-571-4

Prosper Monier
WERDEN, WAS WIR SIND
Ermutigung zum Christsein

48 Seiten, kartoniert, ISBN 3-87996-583-8